Stances Perdues

Alain Bosquet

Lost Quatrains

translated from the French by

Roger Little

Poetry Europe Series No. 6

DEDALUS

The Dedalus Press
24 The Heath, Cypress Downs, Dublin 6W
Ireland

ISBN 1 901233 41 3

The first edition of *Stances perdues* was published in Paris
by le cherche midi éditeur in 1998; The Dedalus Press
acknowledges permission to reproduce the originals.

Cover painting: "Cuan", Acrylic on Canvas, 62x62cms, by
Val Mc Loughlin

Dedalus Press books are distributed in the U.K. by
Central Books, Ltd. 99 Wallis Road, London E9 5LN,
and in the U.S.A. and Canada by
Dufour Editions Inc., PO Box 7, Chester Springs,
Pennsylvania 19425 – 0007

The Dedalus Press receives financial assistance from An
Chomhairle Ealaíon, The Arts Council, Ireland

Printed by Colour Books Ltd., Dublin

Alain Bosquet

Alain Bosquet is the pseudonym of Anatoly Bisk, born at Odessa in 1919. With his parents, he settled in Brussels in 1925 and took Belgian nationality, being called up in 1940 on the day Belgium was invaded and subsequently assimilated into the French army. Moving to New York in late 1941, he became assistant editor of the Gaullist newspaper published there, *La Voix de France*, and frequented the literary and artistic circles of Americans and exiles from many countries.

A prolific writer, his early poetry was translated by Louis Zukofsky and Denis Devlin (whose volume of *Translations into English*, published by The Dedalus Press in 1993, prints previously lost work). Joining the American army, he served in Northern Ireland before moving first to General Eisenhower's Supreme Allied Headquarters in London and then to Berlin.

From the 1950s he devoted himself entirely to literature (supported by various lecturing posts in the United States at different times), responsible, as he noted wryly in a prefatory note to *Demain sans moi* (a selection of his poems, translated into English by Samuel Beckett, Lawrence Durrell, James Laughlin, William Jay Smith and Roger Little and published by The Dedalus Press in 1995 under the title *No More Me)* for two thousand pages of verse. To that one should add some sixteen novels, the best known of which, translated into eight languages, is *Une mère russe* (A Russian Mother), and a vast uncollected quantity of literary criticism published notably in *Combat, Le Figaro* and *Le Monde*.

Collections or selections of his poetry have been translated into Albanian, Arabic, Bulgarian, Catalan, Chinese, Dutch, English, German, Greek, Hungarian, Italian, Macedonian, Norwegian, Portuguese, Romanian, Russian, Serbo-Croat, Slovenian, Spanish, Swedish and Turkish. He became a French citizen and lived in Paris with his American wife, Norma, until his death in 1998.

He was the founder and first president of the European Academy of Poetry, L'Académie Européenne de Poésie.

STANCES PERDUES

LOST QUATRAINS

À partir des années soixante, les manuscrits d'Alain Bosquet (1919-1998) portent, dans les marges, des réflexions lapidaires et, quelquefois, deux ou trois débuts de poèmes, toujours inachevés. C'était, dirait-on, sa manière de faire une pause, ou de se distraire. On s'aperçoit que ces miettes lyriques s'imposent une forme, dès 1975 ou 1977. Les annotations en prose disparaissent, tandis que les fragments en vers respectent toujours le même moule : quatre alexandrins rimés. Alain Bosquet a fait ses adieux à la poésie dans son avant-propos à *Je ne suis pas un poète d'eau douce*. Il a néanmoins recueilli un grand nombre de ces stances, peut-être deux centaines. Il n'en a gardé que quarante et une, sans qu'on puisse déterminer leur chronologie. On y retrouve ses thèmes, ses obsessions, ses ironies : la hantise et l'approche de la mort, l'acceptation de l'absurde, l'amour de la nature et, en particulier, la joie de se faire la morale, comme pour mieux s'en moquer. La condensation de ces textes en fait un genre.

From the 1960s onwards, the margins of Alain Bosquet's manuscripts bear lapidary inscriptions and, occasionally, the beginnings of poems, always unfinished. It was seemingly his way of marking a pause, or doodling. These lyrical crumbs start taking shape from 1975 or 1977 on. Prose annotations disappear, whereas the fragments in verse always follow the same pattern: four rhyming alexandrines. Alain Bosquet (1919-1998) said farewell to poetry in the preface to his collection *I Am Not a Freshwater Poet*. He none the less collected a large number of these quatrains, some two hundred or so. Of them he retained only forty-one, the chronology of which it is impossible to know. His main themes, obsessions and ironies are found in them: the fear of approaching death, the acceptance of the absurd, the love of nature and, most particularly, the delight in moralising so as to poke fun at himself all the better. The density of these texts sets them apart.

Il ne veut plus parler. Il ne veut plus savoir.
Il confond la musique et la pluie monotone.
L'aurore peut venir à toute heure du soir.
Il partage son corps avec d'autres personnes.

•

Je remercie le jour parce qu'il est le jour.
Je remercie le chrysanthème et la cerise.
Je remercie le baiser long, le baiser court,
et tout ce qui me vaut une terreur exquise.

No more does he desire to speak or know.
Music and steady rainfall sound alike.
Sunrise can come by night or afternoon.
He shares his body freely with his like.

.

I thank the day because it is the day.
I thank the cherry and chrysanthemum.
I thank the kiss, whether it's long or short,
and each exquisite dread that strikes me dumb.

Notre accord est conclu : c'est un jeune poète
qui dès demain rédigera cette chanson.
Elle sera plus fraîche et, je crois, plus honnête :
sans doute plaira-t-elle au public sans façon.

●

Dieu me demande une faveur : l'accompagner
au bord du lac, là où la foi n'est pas utile.
Nous nous taisons, respectueux et résignés.
Bientôt est apparue, vivace et blanche, une île.

So we're agreed: a young poet will compose
a song tomorrow with his lyre and reed.
It will be fresher and, I think, more honest:
and it MAY please the unassuming reader.

•

God asks a favour of me: go with him
to the lake-shore, where faith becomes redundant.
Silent we fall, respectful and resigned.
An island soon appears, white and abundant.

Les ouvrages de moi qu'on trouve en librairie
portent neuf fois sur dix le nom d'un autre auteur.
Pourquoi m'en offusquer? L'âme n'est pas tarie :
j'écris mon livre en y mettant beaucoup de cœur.

.

Je suis poète : est-ce la faute à pas-de-chance?
Et je suis prosateur : voudra-t-on m'excuser. . .
La vie est belle et tour à tour stupide : on danse,
on souffre, on réfléchit, on échange un baiser.

The books I've written that you find on sale
bear someone else's name nine times in ten.
Why should I care? My soul is not dried up:
My heart, my heart is where I dip my pen.

•

I am a poet: is it ill-chance's fault?
And I write prose: forgive me if that's amiss. . .
Life's beautiful and crass in turn: we dance,
reflect and suffer, or exchange a kiss.

Je dois m'émerveiller de cette aube qui court
sur les toits de la ville et qui, dans sa faconde,
m'assure que la vie est un acte d'amour.
Les lunes peu à peu se feront plus profondes.

●

Je ne connais qu'un seul remède : l'ironie,
avec, de temps en temps, un peu de cruauté.
Le réel, l'irréel ? Tous deux, je les renie
en me moquant : je ne passerai pas l'été.

I simply marvel at this dawn which runs
over the city's rooftops, prattling away,
telling me life is just an act of love.
Moons will be probed more deeply day by day.

.

The only remedy I know is irony
mixed on occasion with some cruelty.
I shan't survive the summer, and disown
reality *and* unreality.

Mon océan s'arrache à mon vieil océan.
Vautour après vautour, mon ciel se désaltère.
Mon verbe cesse d'être un verbe en se créant.
Le miracle et l'horreur sont toujours solidaires.

.

Il y aurait quelques visages bien-aimés,
une musique frêle, une horloge très lente,
le sentiment que le vieux cœur va s'animer.
Je connaîtrais une agonie obéissante.

My ocean tears itself from my old ocean.
Hawk upon hawk, my sky can slake its thirst.
My words stop being words as I create them.
The best is always bonded with the worst.

•

There would be several faces of my friends,
delicate music, clock-hands running slow,
a feeling that my old heart will run faster.
It's an obedient agony I'd know.

Le petit bois, le cimetière, le cheval,
le soupir très léger, le cri sous la fenêtre
qui imite l'oiseau, le village banal,
sont-ils les éléments d'un fragile bien-être ?

.

Un homme est arrivé, traînant quelque musique.
Un homme s'est assis avec son épagneul.
Un homme a dit trois mots, d'une voix métallique.
Depuis lors, le royaume est semble-t-il moins seul.

The horse, the coppice and the cemetery,
the slightest sigh, the cry beside the gate
mimicking a bird, the ordinary town,
are these what constitute our fragile state?

.

A man has come here, dragging music with him.
A man has sat down with his spaniel bitch.
A man has said three words that clink like keys.
Now I enjoy a far less lonely pitch.

Il a bu l'eau de la fontaine, avec pudeur.
Il a écarté l'arbre : un geste si honnête !
Il nous a salués en homme de bonheur.
Ce soir, nous décidons qu'il sera le prophète.

.

Voulez-vous mettre un terme à la mésaventure
de l'homme qui se perd dans ses propres débris ?
On peut vous proposer une idée simple et pure :
le remplacer bientôt par la chauve-souris.

He drank the fountain water modestly.
A decent gesture sets the tree aside!
A man of happiness, he greeted us.
He'll be the prophet this evening, we decide.

·

Will you end misadventures for a man
snared in discarded fragments of himself?
A pure and simple thought can be proposed:
replace him quickly by a bat from hell.

L'équateur saute et le volcan crache des îles.
Dans la nuit les forêts s'en vont à l'abattoir.
Le monde s'interroge : est-il un monde utile ?
L'amour universel est un insecte noir.

.

Nous sommes arrivés au terme du voyage.
Voici l'Enfer : il n'a pas l'air inamical,
avec ses lacs, ses animaux et ses bocages.
J'ai déjà découvert quatre dents de narval.

The equator jumps; volcanoes spit out islands.
Forests are slaughtered every night like cattle.
The world now wonders: is it a useful world?
Universal love is merely a black beetle.

.

We have arrived at last at journey's end.
Hell is before us: it has a friendly air,
with lakes and animals and copses cool.
I've already found four tusks of narwhals there.

Je vous promets d'aimer le voleur, la putain,
l'enfant qui tue sa mère et le marchand de sable ;
l'officier de police et le bourgeois bon teint,
puisque, me dites-vous, ils seraient mes semblables.

.

Je rends hommage aux éléments qui me composent :
le nitrate, le poivre et le sable mouvant.
Je salue le démon et caresse la rose.
Je déplace un cristal très pur en me levant.

I promise you I'll love the thief, the whore,
the sandman and the child who kills his mother;
the constable and unrepentant bourgeois,
because, you say, they are my brother's brother.

·

I prize the elements of which I'm made:
nitrate and quicksand, pepper there for taste.
I greet the devil and caress the rose.
When I get up, a crystal is displaced.

Je n'avais rien à lire et me savais poreux.
le monde autour de moi colportait des histoires.
Une araignée m'a dit : "Ne sois pas malheureux ;
rends-toi utile et donne forme à mes mémoires."

•

Sortir de ce coma. Sans l'aide de personne
boire un café bien chaud. Palper une œuvre d'art.
Réciter un poème au moineau qui s'étonne.
Utiliser un poumon neuf. Il est trop tard.

I'd nothing left to read and felt quite porous.
Stories spread round me left the world agape.
A spider said: "Don't mope, snap out of it
and try to lick my memoirs into shape."

.

Rouse from this coma and, with no-one's help
drink a hot coffee. Do not hesitate
to stroke a sculpture, startle a poor sparrow
with a poem, use a new lung. But it's too late.

Le corps m'ayant trahi, il ne reste que l'âme :
un souffle trop étroit qui ressemble au baiser.
Vivoter ou mourir, dans l'éloge ou le blâme ?
Je suis une scolopendre : on viendra m'écraser.

.

Proclamez-le très haut : j'avais le style au corps,
le langage dans l'âme, et partout l'écriture ;
dans le sang, les poumons. Qu'importe si la mort
y déverse à présent ses molles pourritures !

After the body's betrayal, the soul remains:
constricted breath resembling a kiss.
Exist or die, enjoying praise or blame?
I am a centipede: come tread on this.

•

Shout it out loud: I'd style in every pore,
words in my soul and writing everywhere;
in my blood and lungs. So what if death
discharges flabby forms of corruption there!

Être une fois, pour le plaisir, le colibri
qui courtise sa fleur en voletant sur place.
Être une fois, par jeu, la comète qui rit
et d'un coup d'aile rouge illumine l'espace.

.

Il faudra me tirer deux balles dans la tête,
si l'on veut que je sois l'ignoble prosateur
des nanas, des loubards et des vieux proxénètes.
Il faudra me tirer trois balles dans le cœur.

Just once, for joy, become a humming-bird
kissing a flower in immobile flight.
Just once, for sport, become a comet laughing,
flapping a red wing, setting space alight.

.

They'll have to shoot two bullets through my head
to make me prostitute my noble art
and write for chicks and hooligans and pimps.
They'll have to shoot three bullets through my heart.

Quand vous m'inviterez à vivre parmi vous
une autre fois, j'éviterai la forme humaine.
Agneau parfait, pivoine pure, insecte fou,
tel sera mon destin; ou quelque étoile naine.

•

Voyez, je mets au point quelques mots insolites
et je malmène aussi des verbes provocants.
Chirurgien du langage, à présent je vous quitte
pour assister à la naissance d'un toucan.

When you invite me next to live with you,
I'll give up human form. A peony
quite pure, a perfect lamb, a crazy bug,
or some dwarf star will shape my destiny.

•

Look, I'm perfecting some unusual words,
misusing challenging verbs for all I'm worth.
A language-surgeon, I shall leave you now
to lend my presence at a toucan's birth.

Je regrette le temps des jolis assassins
qui saccageaient avec bonheur notre langage.
Partout je ne vois plus que des enfants malsains
qui ont peur de leurs mots et n'en font pas usage.

.

Retirez-moi, je vous supplie, ce goût de vivre,
pour que je sois un vieux caillou dans le désert.
Mourir serait si doux par une nuit de givre
ou un jour de soleil : j'aurai les yeux ouverts.

How I regret the time when murderers
attacked our language-stock to good effect.
All I see now are sickly, timorous children
subjecting words, through fear, to sheer neglect.

•

Rid me, I beg you, of this wish to live;
make me a stone that in some desert lies.
Death would be welcome any frosty night
or sunny day: I'll die with open eyes.

J'ai appris à mourir plusieurs fois par semaine.
L'exercice est facile : on demande à son cœur
de s'arrêter quelques instants. Aucune peine
n'est ressentie : on vit, on ressuscite, on meurt.

•

Qui me dira ce qu'est ce besoin de rêver
d'un royaume inconnu où je n'ai pas ma place ?
Qui me dira s'il me faudra un jour braver
un temps hors de mon temps, un impalpable espace ?

I've learned to perish several days a week.
A simple exercise: you ask your heart
to stop awhile. You don't feel any pain:
you simply live, arise, and then depart.

•

Who will explain to me this need to dream
of an unknown kingdom where I have no place?
Who will explain if I must one day confront
a time outside my time, elusive space?

La nuit est généreuse : à bord d'un quatre-mâts
le monde aléatoire installe sa demeure.
Quelle perplexité ! À l'heure du coma
entendrai-je l'écho des étoiles qui pleurent ?

·

C'est un joli rongeur qui vit dans ma poitrine.
Je le nourris de chair, de muqueuse et de sang.
Écureuil ou lapin, parfois il me taquine,
et je m'en flatte, étant son maître obéissant.

The night is generous: the fickle world
elects its residence on board a schooner.
Perplexing! Shall I hear the echoing stars
lamenting when I fall into a coma?

•

A handsome rodent lives inside my chest.
I feed it with my membranes, flesh and blood.
This squirrel or rabbit teases me at times;
as its obedient master, I'm so proud.

J'ai embrassé mon chien, ma femme et mes enfants.
Je leur ai dit : "Pardonnez-moi, on me prépare
une vie plus glorieuse, ailleurs on me défend
d'en discuter. Les dieux sont devenus barbares."

.

Lorsque sur son pur-sang on traverse les bois,
l'âme acquiert, dirait-on, comme un peu de noblesse.
L'aurore est délectable, et la source où l'on boit
évoque un vieil amour. Des enfants se caressent.

I've kissed my dog, my wife and kids goodbye.
I said to them: "A life will harbour us
elsewhere, more glorious; I'm not allowed
to speak of it. The gods are barbarous."

.

When on your thoroughbred you cross the woods,
a kind of greatness gives a sense of bliss.
Sunrise is splendid; water from the spring
evokes an old flame. Children hug and kiss.

Mon univers est simple : un fauteuil, un miroir,
un plafond qui descend vers moi quand je l'appelle,
un livre où tout se passe en marge de l'espoir.
Je suis heureux car je dessine une hirondelle.

•

Que voulez-vous que Dieu fasse d'un saltimbanque
dans mon genre ? Avec tact, il me garde à l'écart
pour que je lui apporte un jour ce qui lui manque :
un peu de poésie, de chant, l'amour de l'art.

My world is simple: an armchair, a mirror,
a ceiling that comes down at my commanding,
a book where everything occurs at hope's
margins. I'm happy sketching larks ascending.

.

An entertainer of my kind is hard
for God to deal with. He keeps me apart,
with tact, for me to bring him what he lacks :
some poetry and song, a love of art.

Le loup hurla, et ce fut toute la journée.
Les enfants pris de peur rampèrent sous le lit.
La foule murmura : "L'espèce est condamnée."
Le soleil disparut. Vivre fut un délit.

•

J'aime la femme rousse à l'aisselle poivrée,
au sexe qui sent l'huître, à l'âme qui prétend
ne jamais se trahir. Parfois je la recrée
dans un poème hors de l'espace et du temps.

The wolf was howling all the livelong day.
Terrified children crawled beneath the bed.
The crowd declared: "The human race is doomed."
Living became a crime. The sun was dead.

•

I love an auburn woman with cayenne
beneath her armpits, oyster-scented sex,
a soul true to itself, it claims. Outside
space-time I recreate her in a text.

J'ai noté. J'ai jugé. Vos étoiles sont nues.
Vous le verrez, le paradis est si banal !
Malgré le mois de juin, l'aube n'est pas venue.
Je reviendrai. Puis-je emprunter votre cheval ?

.

On a besoin de moi au royaume des dieux,
Pour y mettre de l'ordre et de la discipline.
On a besoin de moi au royaume des cieux,
pour garder le désordre et ses terreurs divines.

I've made a note. I've judged. Your paradise
is so banal, you'll see! Your stars are bare.
Despite the month of June, no dawn has come.
I shall return. Will you lend me your mare?

.

I'm needed in the kingdom of the gods
to add a little discipline and order.
I'm needed in the kingdom of the sky
to keep the holy terrors of disorder.

Je crois que mes meilleurs amis sont l'arrosoir,
la clef, la boîte à clous, le pot de confiture.
Avec eux je n'ai pas besoin de m'émouvoir
ni de partir, l'angoisse au cœur, à l'aventure.

I think my truest friends are watering-cans,
the box of nails, the pot of jam, the key.
With them I never need to get uptight
or set off trembling with anxiety.

Fiche

- *Nom ?*
- Pour le moment, Alain Bosquet.
- *Autres prénoms ?*
- Vladimir, William, Venceslas, selon l'humeur.
- *Date de naissance ?*
- Tous les jours de l'année.
- *Lieu ?*
- En haute mer.
- *Études ?*
- École normale des libellules et des rosées.
- *Diplôme ?*
- Réparateur . . .
- *De quoi ?*
- D'âmes et de soupirs.
- *Domicile ?*
- À la droite de Dieu.
- *Sports ?*
- Joue à n'être personne.
- *Résidence secondaire ?*
- Volume 5 des œuvres complètes de Cervantès.
- *Collectionne ?*
- Les virgules abandonnées sur les plages.
- *Marié ?*
- Épouse toutes les comètes qui passent.

File

"Name?"
"For the time being, Alain Bosquet."
"Other given names?"
"Vladimir, William, Wenceslas, as the mood takes me."
"Date of birth?"
"Every day of the year."
"Place?"
"On the high seas."
"Studies?"
"University of dragonflies and dew."
"Diplomas?"
"Repairer . . ."
"Of what?"
"Of souls and sighs."
"Address?"
"At the right hand of God."
"Sports?"
"I play at being nobody."
"Holiday home?"
"Volume 5 of Cervantes' Complete Works."
"Hobbies?"
"I collect commas abandoned on the beach."
"Married?"
"To every passing comet."

- *Patrimoine ?*
- Un deuxième équateur, de son invention.
- *Espérances ?*
- Survivre dans la mémoire des iguanes.
- *Maladies de longue durée ?*
- La luxure du verbe.

"Inheritance?"
"A second equator of its own invention."
"Ambition?"
"To survive in the memories of iguanas."
"Long-term illnesses?"
"A dislocated lust for words."

The Dedalus Press Poetry Europe Series: